# essentials

Essentials liefern aktuelles Wissen in konzentrierter Form. Die Essenz dessen, worauf es als „State-of-the-Art" in der gegenwärtigen Fachdiskussion oder in der Praxis ankommt. Essentials informieren schnell, unkompliziert und verständlich.

- als Einführung in ein aktuelles Thema aus Ihrem Fachgebiet
- als Einstieg in ein für Sie noch unbekanntes Themenfeld
- als Einblick, um zum Thema mitreden zu können.

Die Bücher in elektronischer und gedruckter Form bringen das Expertenwissen von Springer-Fachautoren kompakt zur Darstellung. Sie sind besonders für die Nutzung als eBook auf Tablet-PCs, eBook-Readern und Smartphones geeignet.

Essentials: Wissensbausteine aus Wirtschaft und Gesellschaft, Medizin, Psychologie und Gesundheitsberufen, Technik und Naturwissenschaften. Von renommierten Autoren der Verlagsmarken Springer Gabler, Springer VS, Springer Medizin, Springer Spektrum, Springer Vieweg und Springer Psychologie.

Sandro Abbate

# Authentisch und wertorientiert kommunizieren

## Wie Sie Ihre Unternehmenskommunikation an Werten ausrichten

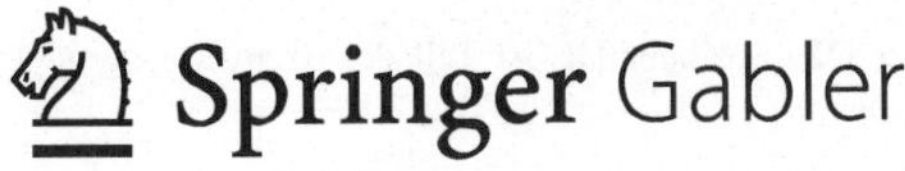

Sandro Abbate
Consens, Büro für Sinnstiftung
Köln
Deutschland

ISSN 2197-6708                    ISSN 2197-6716 (electronic)
ISBN 978-3-658-07342-8            ISBN 978-3-658-07343-5 (eBook)
DOI 10.1007/978-3-658-07343-5

Die Deutsche Nationalbibliothek verzeichnet diese Publikation in der Deutschen Nationalbibliografie; detaillierte bibliografische Daten sind im Internet über http://dnb.d-nb.de abrufbar.

Springer Gabler
© Springer Fachmedien Wiesbaden 2014


Gedruckt auf säurefreiem und chlorfrei gebleichtem Papier

Springer Gabler ist eine Marke von Springer DE. Springer DE ist Teil der Fachverlagsgruppe Springer Science+Business Media
www.springer-gabler.de

# Vorwort

Kunden sind heute zunehmend kritischer gegenüber Marketingbotschaften einge-stellt. Die große Werbeära ist vorbei und Konsumenten sind dank dem Internet und hier vor allem den sozialen Netzwerken besser informiert denn je. Die Entschei-dung für ein Produkt oder eine Dienstleistung hängt heutzutage nicht mehr nur von Qualität und Preis ab, sondern auch von der Wertehaltung eines Unternehmens und der Position, die es bezieht. Vermehrt werden Leistungen, die nachhaltig pro-duziert werden, nachgefragt, was viele Hersteller zur Entwicklung aufwändiger CSR-Maßnahmen veranlasst. Wenn diese jedoch nicht zur Leistung und zu den tatsächlichen Werten des Unternehmen passen, kommt es zur Diskrepanz zwischen Handlung und Kommunikation – man spricht hier von Greenwashing, was von Stakeholdern schnell entlarvt wird.

Effektiver ist es, die eigenen Werte im Unternehmen herauszuarbeiten und be-wusst zu machen, so dass man diese für die externe wie die interne Unternehmens-kommunikation nutzen kann. Authentische und wertorientierte Kommunikation macht das Unternehmen glaubhafter und verleiht ihm ein Gesicht. So wird Ver-trauen aufgebaut, neue Kunden können gewonnen und bestehende Kunden an das Unternehmen gebunden werden.

Sandro Abbate

# Was Sie in diesem Essential finden können

- Wertebewusstsein im Unternehmen schaffen
- Vertrauen durch authentische Kommunikation aufbauen
- Position beziehen
- Unternehmenskommunikation an Werten ausrichten

# Einleitung

Was ist eigentlich gelingende Kommunikation? Und wer entscheidet letztendlich darüber, dass Kommunikation gelingt?

Dass Kommunikation zustande kommt, auch wenn man nicht die Absicht hat zu kommunizieren, sagte schon Paul Watzlawik in dem Satz „Man kann nicht nicht kommunizieren". Irgendetwas und sei es eine falsche Annahme, die aus einer bestimmten Körperhaltung oder Geste her rührt, kommt beim Empfänger an. Kommunikation gelingt umso besser, je klarer der Sender einer Botschaft sich gibt.

▶ Zielgruppen sind Menschen

Märkte sind keine abstrakten Orte, sondern um das „Cluetrain Manifest" aufzugreifen, Gespräche. Und zwar Gespräche echter Menschen, aus denen nun einmal jede Zielgruppe besteht. Gelingende Kommunikation wird entscheidend dadurch beeinflusst, wenn der Empfänger einer Botschaft den Sinn und Zweck, welchen der Absender mit ihr verfolgt, richtig interpretieren kann. Je lesbarer der Sender, desto größer die Wahrscheinlichkeit eines guten Kontaktes und damit gelingender Kommunikation. Eine kongruente Kommunikation ist das Resultat davon, wenn man sich darüber im Klaren ist was von innen nach außen kommuniziert wird. Dazu muss man sich als Person, aber auch als soziales System (Unternehmen, Organisation) bewusst machen, für welche Werte man eigentlich steht.

▶ Wertebewusstsein verleiht eine starke Ausstrahlung und schafft Orientierung

Immer dann, wenn Kommunikation authentisch und kongruent ist, kann man von guter Kommunikation sprechen. Die Besinnung auf Werte bringt das Warum, das Was und das Wie in Einklang, was der Kommunikation Stärke verleiht. Wie man die eigenen Werte herausarbeitet und diese strategisch in der Kommunikation einsetzt, lesen Sie in den folgenden Kapiteln.

# Inhaltsverzeichnis

# Werte und Wertewandel 1

Die Zeiten des deutschen Wirtschaftswunders gingen in den 1970er Jahren zu Ende. Die primären Bedürfnisse der Bevölkerung waren weitestgehend befriedigt, und der Einzelne begann damit, nach neuen Bedürfnissen zu suchen, die es zu befriedigen galt. Wenn man so will, hat damals der Prozess der Individualisierung, der Selbstfindung und -verwirklichung begonnen. Der Kulturwissenschaftler und Kunsthistoriker Wolfgang Ullrich drückt diese neue Dimension des Konsums in seinem Buch Habenwollen folgendermaßen aus: „Dem Habenwollen ging und geht ein Habenmüssen voraus, und erst wenn die notwendigen Bedürfnisse befriedigt sind, ist für die Erfüllung – und Entwicklung – von Wünschen Platz" (Ullrich 2006).

Dies bedeutete einerseits die Mehrung des persönlichen Wohlstands, andererseits aber auch einen Verlust gemeinsamer Werte. Institutionen wie Kirche und Staat, die bis dahin eine starke Rolle als Identitäts- und Sinnstifter übernommen hatten, verloren an Bedeutung. Mit dem Einzug des Wohlstands haben auch materielle Gewinne an Wert verloren und sind nicht länger alleiniger Antrieb für Wirtschaft und Gesellschaft. Der Mensch misst insbesondere den knappen Gütern einen hohen Stellenwert bei. Nach Befriedigung seiner Primärbedürfnisse, wie Nahrungsaufnahme oder Wohnen, sind das nach Abraham Maslow Güter, die sein Sozialbedürfnis, das Bedürfnis nach Anerkennung und Wertschätzung und das Bedürfnis nach Selbstverwirklichung befriedigen. Materielle und postmaterielle Werte schließen sich jedoch nicht aus. Der moderne Mensch ist vielmehr in seinem Handeln geprägt durch einen Wertepluralismus. Im Industriezeitalter universell gültige Werte wie Disziplin und Fleiß verschwinden also nicht, sondern werden den Bedürfnissen angepasst. So wird aus Disziplin etwa Selbstdisziplin, die Vor-

© Springer Fachmedien Wiesbaden 2014
S. Abbate, *Authentisch und wertorientiert kommunizieren,* essentials,
DOI 10.1007/978-3-658-07343-5_1

aussetzung ist für die eigene berufliche und private Lebensplanung innerhalb einer flexibler werdenden Gesellschaft. Verantwortung wird von der Gemeinschaft auf den Einzelnen übertragen. Der Trend zur Individualisierung und Differenzierung schreitet am schnellsten in größeren Städten weit fortgeschrittener Konsumgesellschaften voran.

Technologische Entwicklung und ein generelles Umdenken in der Wirtschaft bedingen sich gegenseitig und haben Auswirkungen auf nahezu jeden Bereich in Unternehmen. Management und Personalführung werden ebenso neu gedacht wie die Kommunikation, die Produktentwicklung bis hin zur Partizipation unterschiedlicher Anspruchsgruppen bei der Markenbildung. Daher ist es an der Zeit, ein Umdenken weg von einer managementgeführten hin zu einer menschlicheren Wirtschaft anzustoßen. Es sind eben nicht die Zahlen, die im Mittelpunkt stehen sondern der Sinn des wirtschaftlichen Handelns.

▶ Die Zeiten der monologischen Kommunikation sind vorbei. Heute beginnt Kommunikation mit Zuhören.

Die in der Marketingbranche vorherrschende, militärisch anmutende Haltung, die von Targeting, Reichweiten und Zielgruppen spricht, verfehlt ihr Ziel. Big Data hin oder her, die großen Strategen wissen nicht mit wem sie es zu tun haben. Der Mensch ist kein auf Daten reduzierbares Wesen und Zielgruppen sind und bleiben Menschen.

Einseitige Kommunikationskanäle haben weitestgehend ausgedient. Vielmehr als früher gilt es zuzuhören, zu antworten und zu handeln. Der Bereich, in dem das am stärksten spürbar wird, ist selbst Kind dieser Entwicklung: Social Media. Die Unternehmensaktivitäten auf Plattformen wie Facebook, Twitter oder LinkedIn nehmen weiter zu. Erfolglos bleiben dabei die Unternehmen, die Social Media nur als weitere Marketingkanäle betrachten. Denn genau darum geht es eben nicht. Social Media Engagement beginnt immer mit Zuhören. Es sind meist die Konsumenten, die Kunden, von denen der Dialog ausgeht. Und die Fähigkeit zuzuhören setzt eine offene Grundhaltung, authentisches Auftreten und vor allem ehrliches Interesse am Kommunikationspartner voraus.

Authentische Kommunikation benötigt ein hohes Maß an Ehrlichkeit. Auch wenn es um unbequeme Wahrheiten geht, etwa den Abbau von Arbeitsplätzen. Gerade bei solch einem heiklen Thema ist jedoch nicht nur das Was zu beachten, sondern auch wie man seine Botschaft vermittelt. Im Jahr 2004 hat die Deutsche Bank ihren Nettogewinn 2004 um 87 % auf 2,55 Mrd. € steigern können. Trotz Gewinnsteigerung kündigte Josef Ackermann damals einen Stellenabbau an, um Renditeziele zu erreichen. Er sprach damals von „eintausendneunhundertzwanzig

Stellen netto". Man kann es nicht anders sagen, aber das war eine sehr ehrliche und authentische Stellungnahme. Jedoch fehlte eine ganz entscheidende Sache dabei: Empathie. Bei der Überlegung, was man zu sagen hat, sollte man sich auch bewusst machen, zu wem man spricht und welche Konsequenzen der Inhalt des Gesagten für Menschen gegebenenfalls hat. Den Abbau von fast 2000 Arbeitsplätzen als eine Netto-Kennzahl, in der also bereits Neueinstellungen verrechnet wurden, darzustellen, zeugt nicht sehr von Einfühlungsvermögen vor dem Hintergrund, dass hier eben knapp 2000 Menschen ihren Job verlieren und dies ein tiefgreifender Einschnitt für sie und ihre Familien bedeutet.

Die Amerikaner Rick Levine, Christopher Locke, Doc Searls und David Weinberger haben 1999 95 Thesen zum Verhältnis von Unternehmen und ihren Kunden im digitalen Zeitalter veröffentlicht: das Cluetrain Manifest. Die erste These des Cluetrain Manifest lautet: „Märkte sind Gespräche" (cluetrain.com 1999). Wenn Märkte Gespräche sind, könnte man Marken als Vertrauensbeziehungen sehen. Offener und ehrlicher Dialog birgt große Chancen, um die Unternehmensmarke nach außen zu transportieren und ihr ein Gesicht zu geben. Die Frage, die Unternehmen sich stellen sollten, ist nicht, ob sie in Social Media aktiv werden wollen, sondern, ob sie bereit sind für eine offene Kommunikation, die auch Kritik bedeuten kann. Ehrlichkeit und Authentizität werden jedoch belohnt. Vorletzte Cluetrain-These: „Den traditionellen Unternehmen mögen die vernetzten Gespräche verworren und verwirrend erscheinen. Aber wir organisieren uns schneller als sie es tun. Wir haben die besseren Werkzeuge, mehr neue Ideen und keine Regeln, die uns aufhalten." (cluetrain.com 1999)

▶ Empathie und soziale Intelligenz werden immer wichtiger für den Erfolg eines Unternehmens in Zeiten, da Wertschöpfung zu einem kooperativen Akt wird.

Über die so genannte Generation Y ist bereits viel geschrieben worden. Diese Generation umfasst jene zwischen 1981 und 2000 Geborenen. Schon ihre Bezeichnung sagt einiges über sie aus. Y (engl. „why") steht für ihre Eigenschaft, Dinge zu hinterfragen. Ihr Einstieg ins Berufsleben ist begleitet von Krisen, Rezession, Fachkräftemangel und einem sich verschärfenden Wettbewerb. Sie kommunizieren wie selbstverständlich über soziale Netzwerke, sind mit dem Internet aufgewachsen. Ob die Wertkonstrukte, die der Generation Y zugeschrieben werden, nicht auch auf Menschen zutreffen, die vor den 1980ern geboren wurden, sei einmal dahingestellt. Es handelt sich hier meines Erachtens vielmehr um einen generationenübergreifenden Paradigmenwechsel.

Arbeit bildet nicht den Mittelpunkt im Leben der Generation Y. Jedoch muss Arbeit vor allen Dingen anspruchsvoll und erfüllend sein. Bevorzugt Unternehmen, die eine klare altruistische Ausrichtung erkennen lassen. Altruistisch im Sinne eines Beitrags zur positiven gesellschaftlichen Entwicklung, sodass individuelle Werte mit den Unternehmenswerten in Einklang gebracht und mit der eigenen Arbeit ein gesellschaftlicher Nutzen gestiftet werden kann. Die wohl größte Herausforderung für Unternehmen wird es sein, Werteanker zu bieten, um zukünftig Mitarbeiter zu finden, die ein hohes Commitment aufweisen.

Materielle Anreizsysteme greifen nicht mehr in dem Maße, wie sie es bei Generationen von Arbeitnehmern zuvor getan haben. Employer Branding, verstanden als integrierter Teil einer ganzheitlichen Markenführung, wird weiter an Bedeutung zunehmen. Es stellt sich nicht mehr allein die Frage nach dem Gehalt und einem gewissen Standard an Sozialleistungen, sondern zusätzlich nach dem Sinn und dem Unternehmenszweck.

Die Frage, die sich Unternehmen also stellen sollten, ist nicht, was sie ihren Arbeitnehmern bieten können, sondern warum sie eigentlich auf dem Markt sind und welchen Sinn sie stiften.

Dies zu beantworten, scheint vielen Unternehmen nach wie vor schwer zu fallen. Diese Frage war Teil einer im Herbst 2013 durchgeführten Querschnittsbefragung zur Werteorientierung in deutschen Unternehmen. Die Zielsetzung dieser Studie war es, herauszufinden, ob Werteorientierung eine große Rolle für die Befragten im Rahmen ihrer beruflichen Tätigkeit spielt. Im Zeitraum von Juli bis September 2013 nahmen Fach- und Führungskräfte aus 35 Unternehmen unterschiedlicher Branchen teil.

Das Bewusstsein mit der eigenen unternehmerischen Leistung gesellschaftlichen Nutzen stiften zu können, scheint nicht sehr hoch zu sein. Zwar hält ein Großteil der befragten Unternehmen (43 %) ihre Kernleistung für gesellschaftlich relevant. Jedoch ist auch ersichtlich, dass darunter häufig wirtschaftliche Nutzen oder CSR-Maßnahmen fallen. Nicht die eigentliche Kernleistung des Unternehmens wird als nutzenbringend genannt (cuecon 2013).

Als Werte, die Unternehmen antreiben, werden häufig generische Werte wie Qualität, Innovation oder Kundenzufriedenheit genannt. Solche Werte verfügen über sehr geringes Differenzierungspotenzial, sie sind vielmehr Grundvoraussetzung unternehmerischen Handelns.

► Insgesamt lässt sich hier also festhalten, dass ein Wertewandel sowohl bei Konsumenten als auch bei Arbeitnehmern stattgefunden hat und beide Gruppen kritischer und besser informiert sind als es noch vor Jahrzehnten der Fall war. Es gilt heute nicht mehr schlichtweg Angebote und Leistungen zu kommunizieren, sondern vielmehr Werte und Haltungen.

# Werte im Unternehmen bewusst machen 2

Um authentisch und werteorientiert auftreten und kommunizieren zu können, ist vor allen Dingen eines notwendig: zu wissen, welche Werte man eigentlich hat. Das klingt zunächst einmal banal, aber versuchen Sie einmal zu formulieren, welche Werte es konkret sind, die Ihr Unternehmen zu dem machen, was es ist, die Ihre Mitarbeiter antreiben und zum gewünschten Erfolg führen.

Eine Möglichkeit, die eigenen Werte zu analysieren, ist der Storytelling-Ansatz. Geschichten bewegen Menschen seit ihrer Kindheit. Über Geschichten tradieren Kulturen ihr Wissen und ihren Erfahrungsschatz. Lassen Sie Ihre Mitarbeiter in einem Workshop einfach einmal ihre Geschichte erzählen

Um später die Identität der Marke definieren zu können, ist es wichtig, die Wahrnehmung aus unterschiedlichen Perspektiven zu erfassen. Dabei werden Stakeholdern (z. B. Mitarbeiter, Kunden, Lieferanten) Fragen zu den sieben Bereichen Unternehmen, Kunden, Kommunikation, Positionierung, Markt, Leistungen und Visionen gestellt, die dazu anregen, die Marke auch von ungewöhnlich erscheinenden Standpunkten aus zu betrachten.

1. Unternehmen
   - Welche Assoziationen weckt Ihr Unternehmen?
   - Was kann Ihr Unternehmen besser als andere?
   - Was macht Ihr Unternehmen einzigartig?
   - Welche Metapher umschreibt Ihr Unternehmen am ehesten?
   - Welche Werte bestimmen das Handeln Ihres Unternehmens?

© Springer Fachmedien Wiesbaden 2014
S. Abbate, *Authentisch und wertorientiert kommunizieren,* essentials,
DOI 10.1007/978-3-658-07343-5_2

2. Kunden
   - Wie sieht der typische Kunde Ihres Unternehmens aus?
   - Welche Berufe haben Ihre Kunden?
   - Wie finden Sie heraus, was Ihre Kunden wirklich wollen?
3. Kommunikation
   - Was erzählen andere über Ihr Unternehmen und Ihre Leistungen?
   - Wie treten Sie mit Ihren Kunden in Kontakt?
   - Welche Botschaften übermitteln Sie an Ihre Kunden?
4. Positionierung
   - Worüber definiert sich Ihr Unternehmen bei den Kunden (Leistungen, Nutzen, Kompetenzen, was anderes?)
   - Welchen Vorsprung hat Ihr Unternehmen in einzelnen Bereichen und warum?
   - Warum entscheiden sich Kunden für Ihr Unternehmen?
   - Welche speziellen Vorteile haben die Kunden bei Ihnen/durch Sie?
   - Warum kaufen die Kunden NICHT bei Ihrem Unternehmen?
   - Wer oder was sind Sie in den Augen Ihrer Kunden?
   - Was macht Ihr Unternehmen aus Kundensicht ganz besondre gut?
   - Wenn es Ihr Unternehmen morgen nicht mehr gäbe, was fehlt der Welt?
   - Welches Nutzenversprechen überzeugt Ihre Kunden am meisten?
   - Wenn die Marke eine Person wäre, wir würden Sie diese beschreiben (Geschlecht, Alter, Aussehen, Charakter, Vita, Freunde, Beruf, Hobbys, welche Automarke, welche Musik?)
5. Markt
   - Was machen Ihre Wettbewerber anders, besser oder schlechter?
   - Wie unterscheidet sich Ihr Unternehmen von diesen Wettbewerbern im positiven Sinne?
   - Was benötigt Ihr Unternehmen, bzw. was müsste es tun, um sich positiv von den Wettbewerbern
   - abzusetzen?
   - Gibt es einen vorbildhaften Wettbewerber – wenn ja, worin besteht die Vorbildfunktion?
   - Welche Entwicklungen gibt es, die auf ein Wachstum Ihres Marktes hindeuten?
6. Leistungen
   - Was ist die Kernkompetenz der Marke?
   - Welche konkreten Probleme löst die Marke?
   - Was tut Ihr Unternehmen genau?

- Welche Handlungen außerhalb Ihres Kerngeschäftes unternehmen Sie?
- Welche Geschäftsfelder hat Ihr Unternehmen?
- Was bekommt der Kunde für sein Geld?
- Erklären Sie einem Investor, warum er in Ihr Unternehmen investieren soll.
- Welche Erwartungen haben die Kunden?
- Was tun Sie, um die Erwartungen zu übertreffen?
- Welche Kompetenzen machen Ihre Besonderheit aus?

# Authentizität und Vision 3

Von Kunden und potenziellen Mitarbeitern als glaubwürdig empfundene Unternehmenskommunikation setzt voraus, dass die nach innen wie nach außen kommunizierten Botschaften und Werte auch tatsächlich der Einstellung, der Haltung im Unternehmen entsprechen.

► Es geht also in keiner Weise darum, glaubwürdig zu erscheinen, sondern es zu sein!

Authentisches Marketing hat nicht mehr allein das Nutzenversprechen des Produkts zum Ausgangspunkt, sondern die Tugend, die die Marke besitzt. Die Frage ist also viel weniger, was biete ich an, sondern warum biete ich dieses oder jenes Produkt an? Was begründet mein wirtschaftliches Handeln? Was will ich mit meiner Leistung verbessern?

Um diese Fragen beantworten zu können, müssen im Unternehmen Werte bewusst gemacht und so konkretisiert werden, dass sie auch im Alltag umsetzbar sind. Darüber hinaus muss klar sein, in welche Richtung man sich unternehmerisch entwickeln möchte.

Zum Erarbeiten einer Soll-Positionierung Ihres Unternehmens eignen sich diverse, teils aus dem Change Management kommende, Methoden. Um zu vermeiden, dass man mit solchen Methoden nicht weiterkommt, sollte man sie immer auf die Anwendbarkeit in der jeweiligen Situation überprüfen. Nicht jede Methode passt zu jedem Unternehmen oder zu jeder Kultur. Darüber hinaus sollte die Positionierung nicht lehrbuchhaft ablaufen, eine allzu schematische Abarbeitung kann

© Springer Fachmedien Wiesbaden 2014
S. Abbate, *Authentisch und wertorientiert kommunizieren,* essentials,
DOI 10.1007/978-3-658-07343-5_3

eher einengend wirken, als dass sie zu brauchbaren Ergebnissen führt. Es sollte also gelten: Nicht die Methode als solche steht im Vordergrund, sondern das Ziel.

Dennoch möchte ich an dieser Stelle drei Methoden vorstellen, die im Rahmen eines Workshops zur Soll-Positionierung des Unternehmens angewandt werden können.

1. *Retropolation:* Durch Retropolation setzen sich die Workshop-Teilnehmer mit sinnvollen strategischen Optionen auseinander. Es handelt sich hierbei um einen Blick auf die Gegenwart aus der Sicht der Zukunft. So beschreiben die Teilnehmer, wie ihr Unternehmen in fünf oder zehn Jahren sein wird und welche Faktoren und Maßnahmen dazu geführt haben, dass das Unternehmen in dieser fiktiven Zukunft so da steht, wie sie es sich vorstellen. Es handelt sich hierbei quasi um einen Rückblick auf den Weg, den das Unternehmen in den letzten fünf bis zehn Jahren gegangen ist. Jeder Workshop-Teilnehmer bringt mit seinem Rückblick weitere Perspektiven und Anregungen für die anderen Teilnehmer ein, sodass man sich während der Übung einer möglichen Erfolgsstrategie zur Wunsch-Positionierung des Unternehmens annähert.

2. *Ziel-Beurteilung:* Die Ziel-Beurteilung bzw. das Ziel-Assessment hat zur Aufgabe Unternehmensziele transparent zu machen, um zu verhindern, dass unterschiedliche nicht geklärte Zielvorstellungen im Team vorhanden sind. Häufig können in der Unternehmenspraxis Ziele nicht klar ausformuliert werden und es besteht keine allgemeine Zielevorstellung, sondern wenn überhaupt unausgesprochener Konsens. In der Ziel-Beurteilung werden Ziele nicht einfach in Worten ausgedrückt, sondern in Zielparametern inklusive ihrer Gewichtung, Priorisierung, dem bereits erreichen Grad der Erfüllung und den Abhängigkeiten, in denen die Zielparameter stehen. In einem Wirknetz werden die Ziele zueinander in Relation gesetzt, sodass etwa drei bis sechs relevante Ziele herausgefiltert werden können. Erst wenn ausdrücklich Klarheit über die Ziele besteht und kein Raum mehr für unausgesprochene Interpretationen vorhanden ist, kann die Soll-Positionierung des Unternehmens in Angriff genommen werden.

3. *Paradoxe Intervention:* Bei der Paradoxen Intervention sollen die Workshop-Teilnehmer statt des gewünschten Zustandes des Unternehmens genau das Gegenteil erarbeiten: nämlich wie sie den ungewünschten Status quo aufrecht erhalten können. Die Frage, die sie also zu beantworten haben ist: Was müssen wir tun, damit alles in Zukunft genau so bleibt, wie es jetzt ist? Das kann man noch steigern, indem man fragt, was zu tun wäre, um den Zustand des Unternehmens noch zu verschlechtern. Dieser Gedanke kommt aus der Systemtheorie. Wenn störende oder nicht eigentlich zum gewünschten Ziel führende

Verhaltensweisen klar identifiziert wurden, können Störungen thematisiert werden, ohne dass einzelne Personen angegriffen werden. Dabei wird spielerisch ein Lernprozess gefördert und die einzelnen Teilnehmer werden sich ihrer Rolle in Bezug auf das Unternehmen bewusst. Sie trainieren die Fähigkeit, ihr eigenes Verhalten und das der anderen differenzierter wahrzunehmen und zu reflektieren.

Nun haben Sie ein Gefühl dafür bekommen, was werteorientierte Kommunikation ausmacht und wie man sich Werte, aber auch Ziele im Unternehmen bewusst machen kann. Natürlich sind hier Methoden nur angerissen, da es einen anderen Umfang als den dieses Buches bedarf, um detaillierte Vorgehensweisen darzustellen. Dieses Buch soll lediglich einen Anstoß geben, sich in Unternehmen auch im Rahmen der Kommunikation mit dem Thema Werte und Haltung zu befassen.

„Um gute Arbeit zu leisten, müssen Sie das Gefühl haben, dass Sie etwas bewirken können. Dass Sie einen sinnvollen Eindruck hinterlassen. Dass Sie Teil von etwas Wichtigem sind" (Fried und Heinemeier Hansson 2013).

# Ausrichtung der Kommunikation an Werten  4

Es ist der Außendienstler, der jeden Tag im Morgengrauen zu Ihren Kunden fährt und mehr Zeit auf der Autobahn als im Büro verbringt. Es ist die Frau Ihres Vertriebsleiters, die sich dafür interessiert, was ihr Mann eigentlich verkauft. Es sind die Automobilhersteller, die Ihre Zuliefererleistung in Anspruch nehmen, um das bestmögliche Automobil zu bauen und mit Ihnen die Zukunft der Mobilität sichern möchten. Es ist der Mitarbeiter an der Stanze, der in ein paar Stunden seine Nachtschicht beenden wird und mit dem guten Gefühl in den Feierabend gehen möchte, etwas mit seiner Arbeit bewirkt zu haben. Es ist der Journalist, der wie jeden Montag vor seinem Rechner sitzt und hunderte E-Mails mit Pressemitteilungen vorsortiert, und der eine gute Story braucht und wissen möchte, warum gerade Sie ihm diese liefern. Es ist der Hochschulabsolvent, der sich seit kurzem stolz Maschinenbauingenieur nennen darf und nun ein Unternehmen sucht, das zu ihm passt. Es ist der Kunde, der im Supermarkt steht und wieder nicht weiß, welches Waschmittel er kaufen soll. Es sind die Einwohner der Gemeinde, in der Sie Ihren Standort haben, die beunruhigt sind, dass ein Chemiewerk in ihrer Nachbarschaft steht.

Es sind die Menschen, die in unmittelbarer oder mittelbarer Verbindung zu Ihrem Unternehmen stehen, die wissen möchten, mit wem sie es zu tun haben und was Ihr Unternehmen ausmacht. Das sind Ihre Stakeholder, Ihre Anspruchsgruppen, denen Sie nicht nur etwas verkaufen, die Sie gegebenenfalls einstellen oder für sich gewinnen wollen, sondern denen Sie im besten Falle Ihre Werte vermitteln möchten. Werte vermitteln Identität.

Die von Ihnen nun definierten und bewusst gemachten Unternehmenswerte betreffen alle Bereiche Ihres Unternehmens. Daher müssen sie nach innen und außen

© Springer Fachmedien Wiesbaden 2014
S. Abbate, *Authentisch und wertorientiert kommunizieren,* essentials,
DOI 10.1007/978-3-658-07343-5_4

kommuniziert werden. Wie Sie das machen, hängt ganz von Ihrem Unternehmen ab. Nicht jede Maßnahme passt zu jedem Unternehmen. Nachfolgend führe ich jedoch ein paar Beispiele auf:

- Präsentation der Werte vor Ihrer gesamten Belegschaft
- Versand in Broschüren-Form an Kunden, Lieferanten und alle Stakeholder des Unternehmens
- Kunden-/Mitarbeitermagazin
- Aushang von Postern im Unternehmen
- Markenevent, bei dem die Werte präsentiert und Ihre Mitarbeiter aktiv einbezogen werden (Markenwerkstatt, World Café etc.) werden
- Pressemitteilungen
- Intranet

Die Unternehmenswerte werden, wenn sie von den Mitarbeitern verinnerlicht worden sind, zur Orientierungshilfe bei jeglichen Aktivitäten und insbesondere im Bereich der Kommunikation. Sie sollen nicht dabei einschränken, neue Dinge zu entwickeln, sondern verdeutlichen, was dabei zu beachten ist. Kommunikation betrifft jeden im Unternehmen, nicht nur die Marketingabteilung. Die Orientierung an den Unternehmenswerten macht die Haltung des Unternehmens fühlbar.

Hierbei spielt insbesondere die Tonalität eine bedeutende Rolle, Die Tonalität ist die Art wie kommuniziert wird. Sie soll dazu dienen, dass alles, was das Unternehmen kommuniziert passend zur Marke ist. Um die Kommunikation mit den Werten zu erleichtern, sollten diese in Attribute und Signale Inhalte übersetzt werden. Attribute sind die zu den Werten gehörenden Eigenschaften, Signale sind Bilder, Zeichen oder Wörter, mit denen diese Eigenschaften ausgedrückt werden. Tonalität sollte nicht als starres Gerüst, sondern als eine Spielregel angesehen werden – als Orientierungshilfe. Diese darf auch einmal neu interpretiert und der Situation angepasst werden, da Werte nicht überall gleich kommuniziert werden können. Werte sind Ihre Leitplanken, die Tonalität Ihr Fahrstil.

# Beispiele

**5**

## 5.1 Das offizielle Getränk einer besseren Welt

Ein bekanntes Beispiel für wertorientierte Kommunikation sind die Plakate des damaligen familiären Unternehmens Bionade. „Bionade. Das offizielle Getränk einer besseren Welt", hieß der Werbespruch, der bundesweit auf Riesenpostern zu lesen war. Das war 2007 kurz vor dem G8-Gipfel und den entsprechenden Protesten von Globalisierungsgegnern. Kreiert wurde das Ganze von der Agentur Kolle Rebbe (Abb. 5.1).

Marketingleiter Wolfgang Blum formulierte den Sinn der Kampagne folgendermaßen: „Es geht hier um eine Welt, in der die Menschen mit sich selbst und der Umwelt einfach besser und bewusster umgehen." Hierfür stehe Bionade als Unternehmen, das soziale und ökologische Verantwortung schon immer praktiziert habe. Schaut man sich die Unternehmenswerte auf der Internetseite von Bionade an, liest man dort: „Wir möchten mit Anstand gegenüber Mensch und Natur wirtschaften. Denn wir sind uns unserer Verantwortung bewusst. Ein respektvoller, fairer und ehrlicher Umgang untereinander und mit unseren Partnern wird bei uns groß geschrieben. Auch im Kleinen. Jeden Tag. Das gehört zum Selbstverständnis von uns und unserer Marke. […]BIONADE stellt sich dieser Herausforderung und übernimmt gerne Verantwortung. Mit zahlreichen Initiativen und Projekten. Für unsere Kinder, unsere Umwelt und eine zukunftsfähige Gesellschaft."

© Springer Fachmedien Wiesbaden 2014

S. Abbate, *Authentisch und wertorientiert kommunizieren*, essentials,

DOI 10.1007/978-3-658-07343-5_5

**Abb. 5.1** Bionade-Plakat.
(Quelle: Bionade)

## 5.2  Marke ohne Werbung – Unternehmen ohne Chef

Noch ein Beispiel aus der Getränkebranche, jedoch ein äußerst ungewöhnliches: Premium Cola. Hier möchte ich gerne etwas weiter ausholen und die Geschichte von Premium in Kurzfassung erzählen. Im Oktober 1999 liegt der Neu-Hamburger Uwe Lübbermann in der Badewanne und trinkt eine afri-cola – seit vielen Jahren sein Lieblingsgetränk. Doch dieses Mal schmeckt die Cola komisch und auch die sonst gewohnte Koffeinwirkung will nicht eintreten. Also wendet er sich an den Hersteller und erfährt, dass die Marke „afri-cola" verkauft und heimlich die Rezeptur verändert worden ist. Also gründet er mit anderen afri-Fans die Interessengruppe „Premium" und fordert die neuen Besitzer der Marke dazu auf, zur alten Rezeptur zurückzukehren, was aber trotz großer Medienresonanz nicht passiert (Abb. 5.2).

Durch Zufall bekommen die afri-Fans Kontakt zu einem ehemaligen Abfüller der afri-cola, der ihnen 1.000 Flaschen mit der geliebten Limonade produziert. Als die ausgetrunken sind, müssen neue her. Einer der Mitstreiter reicht Probeflaschen über die Theke seines Imbiss und plötzlich hat die Interessengemeinschaft Kunden und steht vor der Herausforderung regelmäßig Getränke herzustellen und zu liefern. Das war 2001. Premium Cola wird langsam aber sicher ein Unterneh-

**Abb. 5.2** Plakat Premium
Cola. (Quelle: premium-
cola.de)

men. Wichtig ist von Anfang an die Perspektive der Kunden. So verpflichtet sich das Unternehmen beispielsweise Produktionsfehler aktiv zu veröffentlichen. Es wird eine Struktur mit eigener Buchhaltung, organisierter Logistik, regelmäßigen Abläufen, effektiverer Vernetzung, einem Steuerberater usw. wird aufgebaut, die Absatzmengen steigen. Ab April 2007 ist erstmals ein Anteil für den Organisator drin. Es wird ein „$CO_2$-Ausgleich" für Transporte eingeführt und die Marke Premium für Open Franchise freigegeben. Premium entwickelte ein Betriebssystem, nach dem das Unternehmen kollektivistisch arbeitet. Das Betriebssystem besteht aus den Haupt-Handlungsfeldern Ökologie, Soziales und Ökonomie. Es gibt keine klassischen Hierarchien. Die Mitglieder des Kollektivs organisieren sich über eine Mailingliste, über die Unternehmensentscheidungen diskutiert und ein Konsens angestrebt wird. Einmal jährlich gibt es ein Treffen. Der Gründer Uwe Lübbermann nennt als Zweck der Kooperative eine wirtschaftlich funktionierende Organisation mit hundertprozentiger Mitbestimmungsmöglichkeit für alle Beteiligten zu bilden. Selbst Endkunden haben also Einfluss auf die Entscheidungen und Handlungen des Unternehmens. Die Hauptaufgabe von Premium ist nicht das Verkaufen an sich oder das Erzielen von Gewinn, sondern die Balance der Handlungswirkungen. Sprich, es soll allen Beteiligten gut gehen.

Durch die Beiträge aller Beteiligten und deren Einbeziehung in alle Entscheidungen, ist mit Premium quasi eine Open Source-Marke entstanden. „Im Ergebnis sind so aber viel klügere und viel breiter getragene Entscheidungen möglich", sagt Lübbermann. Die Kunst sei es, ein Kollektiv aus unterschiedlichen Leuten so zu moderieren, dass am Ende ein tragfähiges Ergebnis rauskommt.

In Bezug auf Markenführung im Premium-Kollektiv erzählte mir Uwe Lübbermann, dass dem Wirtschaften bei Premium drei Ziele übergeordnet sind, die zu einer nachhaltigeren, umweltschützenden und finanziell sauber aufgestellten Wirtschaft führen sollen. Das Unternehmen wird also nicht zum Selbstzweck geführt, sondern um einen Beitrag zu einem gesellschaftlichen und ökonomischen Wandel zu leisten. Seine Ziele sind: Eine gemeinsame Form des Wirtschaftens zu etablieren. Den Weg für eine Ökonomie bereiten, die Gemeinwohl als Aufgabe betrachtet und alle Interessengruppen wie Kunden, Lieferanten oder Dienstleister mit einbezieht. Premium ist Unterstützer der Gemeinwohlökonomie Christian Felbers, die sich als ein alternatives Wirtschaftssystem bezeichnet, das auf das Gemeinwohl fördernden Werten aufgebaut ist. Die Postwachstumsgesellschaft, in der nicht mehr Gewinn und Wachstum vorrangige Ziele sind, sondern Nachhaltigkeit und Konsistenz. Eine Gesellschaft, in der Statussymbole nicht mehr in materiellen Dingen bestehen. Hier sind nicht nur Unternehmer, sondern auch Konsumenten und Politik gefragt. Die Menschen leben in der Postwachstumsgesellschaft nachhaltiger. Allerdings müssen durch die Politik auch die nötigen Rahmenbedingungen geschaffen werden. Führung und damit auch Markenführung funktioniere in diesem Rahmen nur, wenn sechs Aspekte berücksichtigt werden:

- Vorhandensein eines stringenten Oberziels: Im Falle von Premium etwa eine menschlichere Wirtschaft oder die Postwachstumsgesellschaft
- Konsistente Umsetzung durch alle beteiligten Partner
- Opensource: Informationen freigeben, absolute Transparenz ermöglichen und auch Fehler zu geben. Aber auch der Rückweg muss aufgemacht werden, das heißt Reinnehmen von Informationen, Wünschen und Bedarfen der Beteiligten. Insgesamt muss Kommunikation dialogischer sein.
- Filter wegfallen lassen: Direkten Kontakt in alle Richtungen ermöglichen ohne zwischengeschaltete Stellen.
- Gespräche füttern: Marke ist für Lübbermann die Summe der Gespräche über eine Leistung oder ein Unternehmen. In dem Sinne hat das Unternehmen gar nicht die Möglichkeit, die eigene Marke wirklich zu führen. Es kann aber diese

Gespräche mit Inhalten füttern, also Gesprächsangebote in Richtung der Oberziele des Unternehmens einbringen. Premium ist kommuniziert beispielsweise, die vegane Produktion der eigenen Produkte, um vegane Themen voranzutreiben, da die mit dem Oberziel Nachhaltigkeit korrespondieren. Denn erhöhter Fleischkonsum wirkt sich negativ auf das Klima aus. Andere Themen sind die Ablehnung von Zinsen. Es werden weder Zinsen genommen noch bezahlt, das heißt Premium nimmt auch keine Skonti in Anspruch und nimmt keine Kredite auf. Auch zu großen Abnehmern steht man kritisch gegenüber und es wird ganz entgegen dem Usus ein Antimengenrabatt gewährt und Wachstumsbremsen eingebaut. Das Unternehmen ist nicht auf Gewinne und Wachstum aus, sondern auf Versorgung aller Beteiligten und Stabilität. Damit wiederum arbeitet Premium auf die Postwachstumsgesellschaft hin.

Die Marke Premium entwickelt sich durch den Austausch und neue Erkenntnisse innerhalb des Kollektivs regelmäßig weiter. Auf die Frage, warum Premium keine Werbung macht, antwortet Lübbermann: „Wir unterscheiden in Push- und Pull-Kommunikation, und glauben, dass wir als Verbraucher nur letztere haben und mitbezahlen wollen; solche Kommunikation, die dezent und rücksichtsvoll angeboten wird für den Fall, dass wir Informationen wünschen und sie aktiv ziehen. also zum Beispiel dann, wenn wir einen Rechner kaufen wollen; dann muss es Informationen verfügbar geben, welche Rechner es gibt, was sie können und so weiter. Aber: Wenn wir keinen Rechner kaufen wollen, warum sollen wir dann mit Werbung für Rechner belästigt werden? Und warum das auch noch über die Produktpreise mitbezahlen? Nein. Aus dem Grund machen wir keine Werbung, sondern bieten nur Pull-Kommunikation an. Eine umfangreiche Homepage, eine Facebook-Seite, Vorträge, all so etwas. Aber: nur wenn sich das jemand freiwillig anguckt, dann dürfen wir senden. Aber nur dann.

Das ist die Innen-Perspektive sozusagen. Außen ist sie noch größer. Ich würde gerne mal ausgerechnet haben, welchen Schaden Werbung anrichtet durch Verschwendung von Ressourcen an sich, aber vor allem dadurch, dass sie Bedürfnisse weckt, wo vorher gar keine waren, und damit zum Beispiel erst mehr Konsum und damit Umweltbelastung auslöst. Oder wie relevant Werbung bei der Prägung von gesellschaftlichen Rollen ist (Mann braucht Auto-Statussymbol), und was das bedeutet. Oder bei der Prägung von Geschlechter-Rollen (Frau muss schlank sein), und was das anrichtet. Auch hier also Gründe genug, als Unternehmen da nicht mitzumachen.“

Für Lübbermann ist das Kollektiv die Zukunftsform, eine Marke zu führen. Premium ist eine von vielen denkbaren Möglichkeiten, die zunehmende Vernetzung, Kollaboration und Werteorientierung bieten.

# Zum Schluss

Werteorientierte und authentische Kommunikation setzt vor allen Dingen eines voraus: Mut. Den Mut sich mit den eigenen Werten auseinanderzusetzen und nach der tieferen Motivation des eigenen wirtschaftlichen Handelns zu fragen. Wenn ich als Unternehmer nicht weiß, was mich antreibt und wofür ich mein Geschäft betreibe, kann ich auch nicht das, was mich von meinen Wettbewerben differenziert klar kommunizieren. Ihr Alleinstellungsmerkmal besteht in Ihrer Wertehaltung. In der Antwort auf die Frage, welchen gesellschaftlichen Mehrwert Sie generieren. Das klingt idealistisch. Jedoch müssen Sie hierzu nicht den Hunger auf der Welt beseitigen oder das ultimative Heilmittel gegen eine schwere Krankheit entwickeln. Es geht hier einfach und allein um den Sinn, den Ihre Tätigkeit macht – für Sie, für Ihre Mitarbeiter und für Ihre Kunden.

© Springer Fachmedien Wiesbaden 2014
S. Abbate, *Authentisch und wertorientiert kommunizieren,* essentials,
DOI 10.1007/978-3-658-07343-5_6

- Was sind Werte und wie mache ich sie im Unternehmen bewusst?
- Wie nutze ich Werte strategisch in der Kommunikation?

© Springer Fachmedien Wiesbaden 2014

S. Abbate, *Authentisch und wertorientiert kommunizieren,* essentials,
DOI 10.1007/978-3-658-07343-5

# „Zum Weiterlesen"


Abbate, S. (2014). *Marken als Sinnstifter. Identitätsbasierte Markenführung als Antwort auf den Wandel.* Wiesbaden: Springer Gabler.

Fried, J., & Heinemeier Hansson, D. (2013) *Meetings sind Gift. Plädoyer für eine neue Geschäftskultur.* München: Goldmann Verlag.

Schulz von Thun, F., Zach, K., Zoller, K. (2012) *Miteinander reden von A bis Z: Lexikon der Kommunikationspsychologie.* Reinbek bei Hamburg: Rowohlt.

Ullrich, W. (2006). *Habenwollen.* Frankfurt: S. Fischer.



© Springer Fachmedien Wiesbaden 2014

S. Abbate, *Authentisch und wertorientiert kommunizieren,* essentials,

DOI 10.1007/978-3-658-07343-5

# Lesen Sie hier weiter

Sandro Abbate

**Marken als Sinnstifter**
Identitätsbasierte Markenführung
als Antwort auf den Wandel

2014. XIII, 120 S., 6 Abb.
Broschur, € 24,99

Änderungen vorbehalten.
Erhältlich im Buchhandel oder beim Verlag.

Einfach portofrei bestellen:
leserservice@springer.com
tel +49 (0)6221 345-4301
springer.com